Lao-tse · Tao Te King

Traducción © 2016 por Ignacio Vega

Título original: "Tao Te King", publicado por
EchnAton Verlag, Diana Schulz e.K 2015

Editorial: Books on Demand GmbH, Norderstedt
Cubierta y diseño: Jörg Zimmermann
Foto: Verena Kopp
Maquetación: Torsten Zander

Visítenos en https://www.tao-chan.org/es/

ISBN: 978-3-74489-539-2

Lao-tse
Tao Te King

El libro del Tao

y su Virtud

Nueva traducción

con introducción

de Zensho W. Kopp

Lao-Tse, el Viejo Maestro, vino a este mundo cuando llegó su momento. Se fue cuando llegó su momento. Sobre aquel que conoce su tiempo y cuya realización es determinada, ya no tienen ningún poder ni el devenir ni la decadencia, ni la alegría ni la tristeza.

Chuang-tse (4o siglo a.C.).

Contenido

Prefacio

El Tao Te King es uno de los libros más importantes y más traducidos de la literatura mundial. Hoy en día resulta inimaginable que una persona interesada en las religiones y filosofías orientales desconozca este libro.

Las palabras del sabio chino Lao-Tse pertenecen a las fuentes inagotables de la sabiduría eterna. En un lenguaje dotado de incomparable fuerza visual, anuncia en su Tao Te King de Tao el origen divino de todo ser, y su influencia sobre los hombres. Mediante aforismos lúcidos, como piedras preciosas delicadamente pulidas, este trabajo muestra la unión profunda del hombre con el cosmos. Busca llevarlo de vuelta a la unidad original con el Tao, y, de este modo, a la armonía consustancial con la totalidad universal del ser.

La presente traducción nace de la necesidad de evidenciar el significado místico del Tao Te King, en estricto cumplimiento del significado del término, y facilitar así un acceso más profundo. Además, me parece importante presentar el texto de una forma clara, que se aproxime lo más posible al lenguaje expresivo y sencillo de la versión original china.

He traducido como tal algunas citas escritas también en verso en el texto chino original. Pero deben entenderse aquí menos como poesía que como una forma expresiva de pensamiento cuyo objetivo es facilitar una más fácil memorización. Además, he proporcionado títulos a los capítulos para obtener una mejor visión de conjunto. Últimamente se ha intentado con frecuencia trasmitir el Tao Te King en un lenguaje cotidiano, prolijo, para hacer que el texto resulte más fácil de entender. Pero todos estos intentos están abocados al fracaso porque el Tao Te King no es adecuado para tales simplificaciones, aunque los intentos de modernización sean bien intencionados.

Todo intento de suavizar el texto lingüísticamente y mediante adiciones a su longitud, conduce inevitablemente a distorsionar las profundas revelaciones místicas de Lao-Tse y lo reduce, llevándolo hacia el plano de lo mundano.

Estas transmisiones forzadas del texto no solo son lo opuesto al espíritu místico del Tao Te King, sino que resultan en última instancia embarazosas y de ninguna utilidad. Diluir el texto como si fuera un producto adscrito a la actual moda esotérica, equivale a arrancar la obra de su contexto histórico, privándola de su viva originalidad.

En cuanto a la lengua del Tao Te King, es misteriosa, profunda y llena de simbolismo, de manera que el trabajo de comprensión recae directamente sobre la capacidad intuitiva mental del lector. El contenido místico del Tao Te King se revela de este modo en toda su profundidad solo ante el ojo interior de la contemplación mística. Esto implica que, al final, superando el razonamiento lógico, solamente mediante la meditación es posible capturar todo el significado del libro. La lógica y la intuición, como combinación de corazón y mente, forman la base necesaria para la comprensión del Tao Te King.

Quien tenga en la mano este libro debe tener claro que su contenido no puede comprenderse solo por medio del pensamiento distintivo y conceptual. Por lo tanto, quien lo lea no debe desalentarse si no entiende todo su contenido en la primera lectura. Cuanto más familiarizado esté el lector con este libro, y más lo lea con el corazón, tanto más le beneficiarán los tesoros de la sabiduría oracular de Lao-Tse, y resultará así que el Tao Te King será para él un amigo de por vida vida.

Wiesbaden, mayo de 2014   Zensho W. Kopp

Introducción

Oculto y misterioso como el Tao, del que habla, se nos debe aparecer el autor del Tao Te King. La tradición china nos hace saber que Lao Tse nació en el siglo 6o a.C. en un pueblo llamado Khue-yen, y se dice que alcanzó una edad muy avanzada, superando los cien años. En las "Memorias históricas" (en chino Shih-chi), una importante obra histórica china escrita por Sima Qian en el siglo 1 a.C. se dice:

"Lao-Tse, el Viejo Maestro, vivía en armonía con el Tao y su Virtud. Su objetivo era mantenerse oculto y permanecer sin gloria. Vivió mucho tiempo en Chou, pero cuando vio que estaba terminando sus días, se sentó sobre un búfalo de agua y se alejó de allí. Habiendo llegado al un paso fronterizo, se encontró con el guardia de frontera Yin Hsi, que reconoció al Maestro y le pidió que al menos dejara algo por escrito para la posteridad.

Entonces Lao-Tse escribió un libro con más de cinco mil caracteres chinos, en el que dio a conocer sus pensamientos sobre el Tao y su Virtud. Después de esto, se fue de allí, montado en su búfalo de agua. Nadie sabe cuál fue su fin".

Aunque el autor del Tao Te King permanece escondido para nosotros en la oscuridad de la historia, el contenido y la estructura de la obra son los testigos más precisos de su personalidad única. Por supuesto, no faltan las voces críticas, que están dispuestas a poner en duda la realidad histórica del Viejo Maestro o incluso a reducir su existencia a la esfera de los mitos y leyendas. Pero ya el sinólogo Richard Wilhelm dijo en 1910, en su comentario sobre el Tao Te King de Lao-Tse:

"Como todo lo histórico, la historia viva se vuelve también en el caso del místico en apariencia sin materialidad. Y sin embargo, mediante los aforismos presentados, nos manifiesta una personalidad original e irrepetible, en nuestra opinión, la mejor prueba de su realidad histórica. Pero hay que tener cierta sensibilidad para este tipo de cosas, no sirve de nada solo discutir".

Quien tome el Tao Te King, realmente llamado "El libro del Tao y su Virtud", en sus manos empezará por preguntarse: ¿Qué es el Tao?

Intérpretes occidentales han traducido el carácter chino "Tao" como camino, conocimiento, ley universal, sentido, razón, vía, guía del universo, por nombrar solo unos pocos. Hay que decir aquí, sin embargo, que muchas de las traducciones de la palabra, aunque bien intencionadas, hacen solo referencia a un aspecto del Tao, pero no dan vida de manera adecuada al Tao en sí. Porque los nombres y las descripciones que damos al origen inimaginable, y por lo tanto inexpresable, de toda Existencia no son más que nuestras propias ideas limitadas e imágenes creadas sobre el Tao, pero nunca el Tao en sí. El Tao es incomprensible e indefinible, porque aquello que usamos para definir supone también el establecimiento de límites.

Es un término usado para algo la definición de algo que desafía la conceptualización. Todos los esfuerzos para forzar el Tao a encajar en formas conceptuales, son equivalentes a quienes buscan capturar el cielo con una red. Por ello ,desde el comienzo del primer capítulo, dice Lao-Tse:

El Tao enunciado
no es el Tao verdadero.
El nombre dado
no es su nombre verdadero. (1)

Y ya el Maestro Zen chino Huai Jang dijo en el siglo VI: "Todo lo que podría decir al respecto perdería la esencia".

El significado real del Tao es la mudanza armónica de la naturaleza, del principio original creador, que en su interminable riqueza, da a luz él mismo a todas las cosas, las mantiene y las disuelve de nuevo. Por lo tanto, es el fundamento de todo ser, inmutable y eterno. Es lo Absoluto, lo supremamente trascendente, la realidad sin principio a partir de la cual surge el universo.

La Virtud del Tao, tal y como se manifiesta en la persona que vive en armonía con el Tao, recibe de Lao-Tse el nombre "Te". El sabio entiende con ello la influencia del Tao sobre las personas. Es lo que puede describirse como devenir vivo espontáneo mediante el Tao. Aunque la palabra china "Te" se traduce a veces como virtud, no debemos pasar por alto el hecho de que no tiene nada que ver con el concepto tradicional de la virtud como la entendemos en occidente.

Para los taoístas, la auténtica "Virtud verdadera" del Te del Tao se origina en el hombre y no se impone desde fuera. Porque la vida no puede limitarse a formas rígidas solo por el respeto a las reglas. Una vida según reglas impuestas artificialmente suscita el sentimiento superficial de que todo está bien, pero en realidad no es más que una forma de falsa seguridad.

"Te" no es la Virtud de la rectitud moral que corrompe la mentalidad virtuosa y consciente por su adhesión a costumbres normativas externas. Por ello dice Lao Tse:

La Virtud elevada lo es sin parecerlo,
por ello tiene Virtud.
La Virtud baja se aferra a la apariencia,
por lo que no tiene Virtud. (38)

La "Virtud verdadera" surge de un equilibrio interno y espiritual que tenemos que entender como el funcionamiento interno del Tao. Es la fuerza activa del Tao, radiante y beneficiosa, que actúa con beneficiosa y espontánea Virtud sobre el entorno de los sabios afianzados en el Tao.

El sabio evita exhibirse a sí mismo ante otros, porque prefiere en vez de ello permanecer en en anonimato. La paz y la tranquilidad son para él lo más elevado, y su objetivo es poner en práctica la "No-Acción", el "Wu-wei". No debemos de ninguna manera cometer el error de confundir esta No-Acción con el no-hacer-nada pasivo. Porque aquí entendemos bajo Wu-wei el más alto estado de la Virtud de la Mente, en el que es posible cualquier acción, en cualquier momento. Mientras el sabio viva este No-Hacer, permanecerá en armonía con el Tao, cuya Virtud universal favorece mediante la No-Intervención. Y así dice Lao-Tse:

El Tao es eterno sin acción,
pero nada queda sin hacer. (37)

Así vemos que hay una No-Acción creador en el Wu-wei, un hacer sin acción, en el que subyace la mentalidad de la No-Intervención con el coraje del dejar-suceder.

El Wu-wei supera los dos extremos: la actividad inquieta y la inactividad absoluta. Es una no-residencia nula, que es al mismo tiempo un dejar-suceder de lo necesario. Se trata, por tanto, de retirarse de tal manera del centro de cualquier situación en la que se requiera una acción, que la Virtud universal del Tao actúe a través de nosotros de manera que todas nuestras acciones sean "acciones sin actuar". Lao Tse dice:

Ejerce la No-Acción.
Logra sin actividad. (63)

Es decir: si actuamos y nos mantenemos en la No-Acción, esta será la acción correcta de acuerdo con la ley universal del Tao. Los taoístas hablan de un "fluir con el Tao". Por esta razón el agua es para ellos el símbolo preciso para hablar del Tao. Representa la fuerza en aparente debilidad, nos muestra el flujo de la vida y también la adaptación a la naturaleza cambiante. En su peculiaridad característica de rodear y retroceder, el agua es también un símbolo de la no violencia. Por ello dice Lao-Tse:

Nada en el Mundo
es tan débil y flexible como el agua.
Y sin embargo, domina a lo duro y a lo fuerte,
nada puede igualarla. (78)

El agua es buena,
beneficia a miles de seres
y no discute. (8)

Para Lao-Tse, el agua es la clave para la transformación de todas las cosas, y solo aquellos que pueden hacer frente a sus leyes están en armonía con el cielo y la tierra, y saben cómo actuar de manera correcta.

El sabio es consciente de cómo lo pequeño y modesto hace la vida más grande, y lo poco que es realmente importa en vista de la volatilidad de todo ser. Ve a través de la insignificancia de todo lo que las grandes masas de personas consideran importante y deseable. Y puesto que no pertenece a estos que pueden ser marginados en la superficie de la existencia por su deseo de poseer y experimentar estímulos sensoriales:

centra su atención en la plenitud interior
y no la apariencia exterior,
no depende de la cáscara
y solo vive de ser. (38)

Lao-Tse hizo hincapié una y otra vez en el Tao Te King, el Libro del Tao y su Virtud, en la imprudencia de buscar el honor, la riqueza y el prestigio. La sabiduría es no tener deseos y ser sin pretensiones para vivir en sencillez natural. El sabio vivió el silencio del aislamiento interno en su unidad con el Tao, la Madre eterna del Todo. Como su hijo, supo cómo permanecer protegido más allá de la muerte, puesto que:

Quien una vez encontró a su Madre,
se ha reconocido como su hijo.
Quien se reconoce como su hijo
y permanece cercano a la Madre,
por toda su vida estará libre de peligro. (52)

El hombre que ha recuperado su verdadera naturaleza original, cuyo ser entero está en armonía con la totalidad que todo lo abarca del Ser, se refleja en el comportamiento del ave, canta sobre la libertad interior y vive con el cielo en armonía consustancial.

Lao-Tse nos recomienda seguir el camino del cielo, practicar la No-Acción y así dejar que la Virtud universal del Tao obre en nosotros. Debido a que el cielo es sin acción, pero actúa así sobre todas las cosas, literalmente "Wei-wu-wei", lleva a cabo la No-Acción.

El hombre arraigado en el Tao, que lo vive en consonancia con la transformación armoniosa del cielo, se convertirá en una manifestación del Tao en medio del Mundo y logrará la inmortalidad más allá de la muerte.

Lao-Tse sobre el búfalo de agua
Colección de Estudios religiosos,
Universidad de Marburg

Tao Te King

1 El secreto del Tao

El Tao enunciado
no es el Tao verdadero.
El nombre dado
no es su nombre verdadero.
Lo innominado
es el principio del Cielo y la Tierra.
Lo nombrado
es la Madre de miles de seres.
Por ello:
El no-deseo constante
contempla lo más esencial.
El deseo constante,
ve solo la apariencia.

Ambas cosas tienen el mismo origen,
y tan solo su nombre es distinto.

En su ser interior son un misterio.
Y en este misterio del más profundo misterio
se halla la puerta de todo secreto.

2 La formación de los opuestos

Cuando todo el Mundo sabe que lo bello es bello,
así aparece ya lo feo.
Cuando todo el Mundo sabe que el bien es bueno,
así aparece ya el mal.

Pues:
Ser y no-ser se generan mutuamente.
Difícil y fácil se condicionan mutuamente.
Largo y corto se miden mutuamente.
Alto y bajo se definen mutuamente.
Tono y sonido se armonizan mutuamente.
Antes y el después se acontecen mutuamente.

Por eso, el sabio:
se detiene en su actuar en la No-Acción
y vive la enseñanza sin palabras.

Él crea y no posee.
Actúa y no permanece en su acción.
Si el trabajo está hecho, no continúa haciéndolo.

Justamente, porque no permanece,
por ello no pierde.

3 Satisfacción a través de la anulación del deseo

No ensalzar a los diligentes
hace que la gente no discuta.
No estimar el bien difícil de realizar
hace que la gente no robe.
No prestar atención a lo que se puede desear,
hace que el corazón humano no se inquiete.

Por ello el sabio gobierna así:
vacía su corazón,
llena su vientre,
debilita su codicia,
y fortalece su carácter.

Además deja que la gente
sin conocimiento, sin deseos
ni voluntad, que los mejores conocedores
no osen interferir.
Se demora en ejercer la No-Acción,
y así todo se arregla por sí mismo.

4 La omnipresencia del Tao

El Tao es vacío,
en su acción resulta inagotable.
Un abismo, oh,
que se muestra como el origen de los miles de seres.

Amortigua el celo,
supera la confusión,
reduce su brillo,
y es uno con el polvo.

Oculto permanece, pero parece estar siempre
presente.
No sé de dónde viene.
Al mismo cielo parece preceder.

5 Inagotablemente vacío

Cielo y la tierra no tienen una preferencia.
Para él son los miles de seres
como perros de presa hechos de paja.
El sabio no tiene preferencias.
Para él es la gente
como perros de presa hechos de paja.
El espacio entre el cielo y la tierra,
¿no es como un fuelle?
vacío, pero sin fin,
cuanto más se mueve,
más genera.

Muchas palabras se desvanecen rápidamente,
es mejor preservar lo interior.

6 El espíritu del valle

El espíritu del valle es inmortal,
se le llama la hembra misteriosa.

La oscura puerta femenina
es el origen del cielo y la tierra.

Por siempre jamás, sin fatiga,
actuando sin esfuerzo.

7 Desinterés

El cielo es eterno, la Tierra perdura.
El cielo y la tierra pueden, de esta manera,
por siempre existir y perdurar
puesto que no lo hacen por sí mismos.

Por ello el sabio:
se sienta rezagado
y llega él mismo antes que ninguno.
Se excluye a sí mismo
y él mismo permanece.

¿No es así porque carece de interés?
Por ello completa su propio bien.

8 Valores taoístas

El mayor bien es como el agua.

El agua es buena,
beneficia a miles de seres
y no discute.
Habita lo más insignificante, lo que más desprecia el
hombre,
por ello está muy cerca del Tao.

En la vida es buena: la razón correcta.
En el pensamiento es buena: la profundidad.
En el dar es buena: el amor.
En el hablar es buena: la verdad.
En el gobierno es buena:el orden.
En el actuar es buena: la capacidad.
En el negociar es buena: el momento justo.

Pero solo aquellos que no luchan, como el agua,
permanecen así intocables.

9 Desastre en exceso

El vaso lleno en exceso,
mejor dejarlo estar.
El afilado de cuchillas en exceso
no puede durar mucho tiempo.
Llena de oro y jade una sala
que nadie la podrá guardar.
Ser rico, honrado e incluso estar orgullosos,
así crea uno mismo su desgracia.
Terminar el trabajo,
retirarse uno mismo,
ese es el camino del cielo.

10 Hundimiento místico

¿Puedes dominar la fuerza de tu alma,
abrazada en un conjunto,
y hacer así que no pueda fracturarse?
¿Puedes dominar tu respiración
hasta hacerla tan delicada como la de un niño
pequeño?
Puedes aclarar e intensificar
tu visión interior
hasta hacerla infalible?

¿Puedes querer a la gente,
gobernar el la tierra
y en ello permanecer en la No-Acción?
¿Puedes ser como un pájaro hembra,
cuando las puertas del cielo
se abren y cierran?
¿Puedes comprenderlo todo
con claridad
y estar sin conocimiento?

¡Créalo y nútrelo!
Crea, pero sin apropiar.
Actúa, pero sin requerir.
Guiar, pero sin dominar.
Esto se llama:
la Virtud profunda.

11 El beneficio del no-ser

Treinta radios se unen en el centro de la rueda,
pero, donde no hay nada,
reside la utilidad del carro.

Se da forma la arcilla para hacer el cuenco:
pero, donde no hay nada,
reside la utilidad del cuenco.

Se abren huecos de puertas y ventanas,
para dar forma a una casa:
pero, donde no hay nada,
reside la utilidad de la casa.

Por ello:
el ser muestra sus ventajas
en su uso solo por su no-ser

12 Seducción exterior

Los colores ciegan
los ojos del hombre.
Los sonidos ensordecen
los oídos del hombre.
Los sabores abotargan
la boca del hombre.
Los caminos y la caza intranquilizan
el corazón del hombre.
Las mercancías pesadas confunden
la conducta del hombre.
Por eso, el sabio:
Presta atención a lo interno
y no a lo exterior.

Deja lo uno y acepta lo otro.

13 La libertad desde el Yo

El favor y la desgracia, ambos son temibles.
El honor supone un gran dolor, como el Yo.

¿Qué quiere decir:
favor y desgracia, ambos son temibles?

El favor es algo básico.
Si lo adquieres, porta temor. Si lo pierdes, porta temor.
Es decir:
Favor y desgracia generan temor por igual.

¿Qué quiere decir:
el honor supone un gran dolor, como el Yo?
La causa por la que padezco dolor
es porque aún tengo un Yo.
Si alcanzase la ausencia de Yo,
¿no estaríamos también libres de dolor?

Así es que:
quien percibe el Mundo como sí mismo,
él podrá confiar en el Mundo.
Quien ama el Mundo como sí mismo,
él podrá confiar en el Mundo.

14 El insondable Tao

Se le mira y no se le ve,
por ello se le llama invisible.
Se le escucha y no se le oye,
por ello se le llama inaudible.
Se le toca y no se le siente,
por ello se le llama impalpable.

Estos, no se pueden explorar
porque se entrelazan en uno solo.

Lo alto no es luminoso,
lo bajo no es oscuro.
Incesantemente fluye,
es eterno y sin nombre,
y regresa siempre a la irrealidad.

Es la forma sin forma,
la imagen sin imagen.
Es decir: es lo más insondable de lo insondable.

Si vas de frente frente no ves su comienzo,
si vas por detrás no ves su final.

Si uno es fiel al Tao antiguo
domina la existencia hoy,
es posible conocer el primitivo origen.
Esto se llama: el infinito despliegue del Tao

15 El maestro de la época antigua

Los verdaderos maestros de la antigüedad
eran sutiles, misteriosos y profundos.
Ocultos estaban y no podían ser reconocidos.
Ya que que no podían ser reconocidos,
solo puedo tratar de describirlos.

Prudentes eran,
como quien en invierno cruza un arroyo,
cuidadosos, como quien teme el círculo de sus
vecinos,
reservados, como quien es invitado,
inconstantes, como el hielo en fusión,
igual que un tronco de madera sin cortar,

amplios como un valle,
inescrutables, como el agua turbia.

¿Quién puede en la quietud
aclarar lentamente lo turbio?
¿Quién puede, en la tranquilidad
mediante movimiento, hacer de la calma, la acción?

Quien este Tao sigue
no desea otra riqueza.
Pues solo quien no busca la riqueza
puede no ser cegado por lo nuevo
puede ser pequeño
y alcanzar la perfección.

16 Reconociendo lo Eterno

Alcanzar el vacío total
y mantener la paz constante.
Los miles de seres se desarrollan,
pero me parece que de nuevo retornan.

Después se desarrollan estos seres agitada y con colorido,
y luego retornan a su raíz.

Tornar a la raíz significa: reposo.
Reposar significa: de vuelta a su destino.
De vuelta a su destino significa: conocer la eternidad.
Conocer la eternidad significa: la iluminación.

No conocer la eternidad es
caminar a ciegas a la desgracia.

Quien conoce la eternidad lo abarca todo.
Quien lo abarca todo es majestuoso.
Quien es majestuoso es celestial.
Quien es celestial es uno con el Tao.

Quien es uno con el Tao es eterno.
Aunque su vida se extinga, no morirá.

17 Ocultos gobernantes

Del gran gobernante
sabe solo la gente que existe.
Uno menor es amado y elogiado por la gente.
Uno aún menor es temido.
Uno aún más pequeño es despreciado.

Si no hay suficiente confianza,
llega la desconfianza.

El verdadero gobernante no tiene muchas palabras.

Ha terminado su trabajo y el hecho está consumado,
entonces la gente dice:
"Sucedió por sí mismo".

18 La pérdida de Tao

Si se abandona el Tao,
llegan la Virtud y la justicia.
El aumento del conocimiento y la sabiduría
atrae la grande hipocresía.

Si no hay armonía entre parientes,
se habla de la piedad de los hijos y el amor de los
padres.
Si hay confusión en el territorio,
se aborda la fidelidad del buen funcionario.

19 Retorno a la simplicidad

Rechaza la santidad
deshecha la sabiduría,
y la gente obtendrá cien veces más.
Rechaza la benevolencia
y deshecha la justicia,
y la gente volverá a encontrar el amor natural.
Rechaza la habilidad,
deshecha la avaricia,
y no habrá más salteadores ni ladrones.

Estas tres reglas son solo atractivas
pero así no bastan.

Por esto:
atiende a la pureza
lo sencillo y genuino,
reduce el egoísmo,
y disminuye tus deseos.

20 Lo otro como los otros

La tentación del "sí" y la disposición del "sí",
¿qué diferencia hay?
Entre el bien y el mal,
¿no hay ninguna diferencia?

Lo que los hombres honran, lo debo honrar también yo.
¡Qué disparate!
¡Oh, cuánta confusión en el Mundo,
y sin fin!

Todo el Mundo se enardece y disfruta,
como cuando se celebra una gran fiesta,
o como cuando se alza uno en una torre primaveral.

Solo yo permanezco callado e impasible,
como el recién nacido que aún no sabe reír,
separado de todos y sin ataduras.

La masa de los hombres vive en la abundancia,
solo yo estoy desposeído.
Mi corazón está turbado
brumoso, impenetrable.

Todo el Mundo está en clara luminosidad,
solo yo estoy oscuro y sombrío.
Todo el Mundo es inteligente y astuto,
solo yo soy estúpido y torpe.

Voy a la deriva como el mar sin rumbo,
como el viento inquieto.
Todo el Mundo tiene un objetivo,
pero yo soy un idiota inútil.

Solo yo soy diferente a todos los demás
porque honro a la Madre que me nutre.

21 El origen de todas las cosas

La grandeza de toda Virtud
reside en su seguimiento del Tao.

La acción del Tao
tan increíble, tan incomprensible.

Es increíble e incomprensible,
pero contiene dentro de sí las imágenes.
Es incomprensible, increíble,
pero contiene en sí muchas cosas.
Es oscuro e insondable
pero contiene dentro de sí la esencia.

La esencia es una realidad,
en su interior reside la más alta certeza.

Hasta hoy, desde el principio
lleva su nombre sin cambios.
Es el origen de todas las cosas.
¿Por qué conozco el origen de todas las cosas?
Incluso ahora, gracias al Tao.

22 Equilibrio armónico

Lo que está humillado será engrandecido.
Lo que está inclinado será enderezado.
Lo que está vacío será llenado.
Lo que está envejecido será renovado.
Lo que es poco y será mucho.
Lo que es complicado, traerá confusión.

Por esto, el sabio:
se integra en la unidad
y es del Mundo modelo.
No se exhibe para ser visto,
por esto brilla.
No se hace valer,
por eso merece respeto.
No presume,
por ello, tiene mérito.

Porque no discute,
nadie puede discutir con él.

Como los antiguos decían:
"lo imperfecto será perfecto"
¿Son estas palabras vacías?
La verdadera perfección fluye en todo

23 Ser uno con el Tao

El poco hablar es lo natural.
Un torbellino no dura toda una mañana.
Un aguacero no dura todo el día.
¿Pero quién causa la lluvia y el viento?
El cielo y la tierra.

Pero si el cielo y la tierra
no tienen la capacidad de durar,
¿cuánto menos durarán las cosas del hombre?

Así:
quien sigue el Tao
será uno con el Tao.
Quien sigue la mayor Virtud,
será uno con la mayor Virtud.
Quien se ha perdido,
será uno con su pérdida.

Quien sea uno con el Tao,
será abrazado por el Tao, por voluntad propia.
Quien sea uno con la mayor Virtud,
será abrazado por la mayor Virtud, por voluntad propia.
Quien sea uno con su pérdida
será abrazado por su estar-perdido, por voluntad propia.
Quien no confía lo suficiente,
no recibirá confianza.

24 Afán de prestigio

Quien se mantiene de puntillas
no permanece quieto.
Quien camina a zancadas
no puede ir muy lejos.
Quien se muestra
no tiene luz.
Quien presume
no tiene respeto.
Quien se vanagloria
no tiene méritos.
Quien se enaltece
no sobresale.
Desde la perspectiva del Tao, esto es:
residuos y restos,
y despierta disgusto en todos los seres.

Por eso:
quien sigue el Tao no se comporta así.

25 Incomprensible Tao

Un Ser incomprensible y perfecto ya existía,
aún antes que el cielo y la tierra,
tan vacío y sin forma.
Solitario consigo mismo e inmutable.
A todas partes llega y es infinito.
Se le puede llamar la Madre del universo.

Su nombre, no lo sé,
pero lo llamo: Tao.

Me esfuerzo en darle nombre
lo llamo: grande.
Grande, es decir, está siempre fluyendo.
Siempre fluyendo, es decir lejanía sin fin.
Lejanía sin fin, es decir eternamente regresando.

Por ello:
grande es el Tao.
Grande es el cielo.
Grande es la tierra
Grande es también el hombre.

El hombre sigue a la tierra.
La tierra sigue al cielo.
El cielo sigue el Tao.
El Tao se sigue a sí mismo.

26 Conciencia

Lo pesado es la raíz de la ligereza.
La calma es el señor de la agitación.

Por ello el sabio:
cuando viaja todo el día
no se aleja de su equipaje.
Aunque haya algunas cosas interesantes a su alrededor,
se mantiene en calma e imperturbado.

¿Pero qué sucede cuando un poderoso gobernante
por su propia voluntad
imprudentemente hacer frente al imperio?

Por el comportamiento ligero se pierde la raíz del poder.
Por la inquietud pierde el control.

27 Bien conservado

Un buen caminante no sigue huella ni camino.
Un buen orador no yerra al hablar.
Un buen contable no necesita ábaco.
Una buena puerta no necesita cerrojos,
pero nadie la puede abrir.
Un buen lazo no usa un fuerte nudos,
pero nadie lo puede puede desatar.

Por ello, el sabio:
está siempre en buena relación con los hombres,
porque no rechaza a ninguno.
Siempre preserva la naturaleza
porque no rechaza a ninguna de sus criaturas.
Esto se llama: seguir la luz.

Por esto:
el buen hombre es maestro de uno malo,
y el mal hombre enseña al buen estudiante .

No honrar a su maestro,
no amar a su estudiante,
a pesar de todo el conocimiento, sería un gran
engaño.

Este es un gran misterio.

28 Unísono de Yin y Yang

Conoce lo masculino, conserva lo femenino,
así eres el cauce de la corriente del Mundo.
Siendo la corriente del Mundo,
no pierdes la más alta Virtud,
y vuelves de nuevo a casa para ser un niño.

Conoce la luz, aunque conserva lo oscuro.
Así eres un ejemplo para el Mundo.
Sí eres un ejemplo para el Mundo,
no pierdes la más alta Virtud,
y vuelves de nuevo a casa sin conocer límites.

Conoce tu tamaño interno, mantener la humildad,
así que te conviertas en el valle del Mundo.
Siendo el valle del Mundo,
donde la más alta Virtud interna es inagotable,
y vuelves de nuevo a casa a lo original.

Lo original produce todas las partes,
así existen los hombres útiles.
El sabio las utiliza,
y se convierte en líder de hombres.

Por ello:
Lo verdaderamente grande es indivisible

29 La sabiduría del no intervenir

Un hombre cree que puede poseer el universo,
para mejorarlo,
yo creo que está errado.

El universo es una entidad sagrada,
no se puede mejorar.
Si se intenta, lo arruinará,
quien intente poseerlo, lo perderá.

Por eso las cosas:
A veces van hacia delante y a veces, hacia atrás.
A veces respirar caliente; a veces, jadean frío.
A veces son fuertes; a veces, son débiles.
A veces están arriba; otras veces, están abajo.

Por ello, el sabio:
evita los extremos,
evita los excesos
evita las exageraciones.

30 Victorias sin violencia

Quien advierta un gobierno en el Tao
debe aconsejar que no use la fuerza para
conquistar el Mundo.
Esta acción se volvería contra él.

Donde el ejército pasó,
crecen espinos y cardos.
Después de la gran guerra viene de mucho dolor.

El bueno busca solo la victoria y nada más,
tras la conquista no es violento.

Resulta victorioso y no triunfa.
Resulta victorioso y no alardea.
Resulta victorioso y no es orgulloso.
Resulta victorioso y no es violento.
Resulta victorioso cuando nada más es posible.

Lo que ha llegado a ser demasiado fuerte, expira.
Es decir: está sin Tao.
Lo que está sin Tao, perece antes de tiempo.

31 Armas de la desgracia

Las más magníficas armas
son instrumentos de la desgracia,
son detestadas por todas las criaturas.
Por lo tanto el que tiene Tao, se aparta de ellas.

El noble prefiere en su casa la izquierda,
cuando va a las armas, prefiere la derecha.

Las armas son instrumentos de desgracia,
no son herramientas del noble;
cuando no tiene otra opción, las utiliza.

La paz y el silencio son lo más querido para él.
La victoria no es causa de alegría.
Si se alegrara en la victoria, encontraría gozo en el matar.

Si encontraría gozo en el matar,
no alcanzaría el objetivo de la vida.

En los momentos felices,
la prioridad es para la izquierda.
En los momentos tristes,
la prioridad es para la derecha.

En el ejército, el mando medio se coloca a la
izquierda.
El mando superior, a la derecha.
Esto significa:
él se sitúa como en un funeral.

Cuando mucha gente es asesinada,
uno lo debe lamentar con gran pena.
Quien vence en la guerra
debe comportarse como en un funeral.

32 El orden natural

El Tao es eterno y sin nombre.
A pesar de tan simple,
el Mundo no consigue comprenderlo.

Si reyes y nobles
fueran diligentes a la hora de aprehenderlo,
miles de seres
caerían ante ellos como por voluntad propia.

El cielo y la tierra se unirían
para enviar una lluvia de rocío benéfico.
Los hombres sin instrucción
entrarían por sí mismos el orden.

Cuando la división existe, las partes necesitan
nombres.
Si existen suficientes nombres,
el hombre debe entender cuándo detenerse.
Quien entiende cuándo detenerse, frena las
preocupaciones.

El Tao existente en el Mundo:
es como el mar
al que fluyen arroyos y ríos.

33 La preservación del medio

Conocer a otros es inteligente,
conocerse a sí mismo es sabio.
Imponerse a otros precisa fuerza,
dominarse a uno mismo necesita ser invencible.
Quien se refrena, es fuerte de voluntad,
quien se modera, es rico.

Quién no pierde su centro, tiene tiempo.
Quién no se pierde, ni siquiera en la muerte, vive
eternamente.

34 Todos los flujos a través de Des Tao

Por todas partes fluye el Tao,
en cualquier dirección en cada momento.

Por él existen los miles de cosas
y él no las rechaza.
Completó su trabajo
y no exige retribución

Viste y alimenta a todos los miles de cosas,
pero no los domina.
Por siempre sin deseos,
uno puede llamarlo pequeño.

A él retornan los miles de cosas
pero no los domina,
uno puede llamarlo grande.

No se presenta como grande,
por eso mismo puede ser grande.

35 El gran arquetipo

Quien lleva en sí la gran imagen
atraerá a todo el Mundo.
Irá sin sufrir ningún daño,
solo dicha, tranquilidad y paz.
Quien está de paso
se detiene por la música y la comida,
y aunque se hable del Tao,
no se encuentra en él ningún sabor.

Quien lo busque
no verá nada especial.
Quien lo escuche
no oirá nada especial.
Quien lo achique
no encontrará en él un fin.

No se puede ver ni oír y —por lo mismo—no puede
ser agotado.

36 El claro reconocimiento de lo invisible

Lo que se contrae
primero debe expandirse realmente.
Lo que falla
primero debe fortalecerse realmente.
Lo que es podado
primero debe crecer realmente.
Donde uno busca tomar
debe primero dar realmente.

Esto se llama:
claro reconocimiento de lo invisible.

Lo blando se sobrepone a lo duro.
Lo débil se sobrepone a lo lo fuerte.
No pueden os peces abandonar las aguas profundas.
Y las armas más poderosas de una nación
no deben ser mostradas en público.

37 El efecto de la No-Acción

El Tao es eterno sin acción,
pero nada queda sin hacer.
Si reyes y nobles aceptaran esto,
los miles de cosas
se desarrollarían naturalmente.
Si desearan todavía actuar,
me gustaría hacerlos regresar
con simplicidad sin nombre.

La simplicidad sin nombre
se forma cuando existe el deseo.
La ausencia de deseo conduce al sosiego,
y de este modo se ordenan todas las cosas.

38 Virtud interna sin intención

La Virtud elevada lo es sin parecerlo,
por ello tiene Virtud.
La Virtud baja se aferra a la apariencia,
por lo que no tiene Virtud.

La Virtud elevada es la No-Acción,
y no persigue ningún fin.
La Virtud menor es una acción,
y actúa por un fin.
La alta moral actúa,
y cuando alguien no sigue su acción,
extiende su influencia y la hace obligatoria.

Por ello:
cuando el Tao se pierde,
queda la Virtud menor.
Cuando la Virtud se pierde,
queda la caridad.
Cuando la caridad se pierde,
queda la acción justa.
Cuando la acción justa se pierde,
queda la moral.

Pero la moral
es solo la corteza de la fe y la creencia,
y el comienzo de la confusión.

El conocimiento externo es solo una trampa
camuflada del Tao,
y el comienzo del desatino.

Por esto quien es verdadero grande
centra su atención en la plenitud interior
y no la apariencia exterior,
no depende de la cáscara
y solo vive de ser.

Así:
¡Deja lo uno y toma lo otro!

39 En consonancia con la Unidad

Los orígenes reciben la Unidad:
el cielo recibe la Unidad y se vuelve claro.
La tierra recibe la Unidad y se vuelve firme.
Los dioses reciben la Unidad y se vuelven poderosos.
Los miles de cosas reciben la Unidad
y se vuelven vivientes.
Los reyes y nobles reciben la Unidad
y se vuelven gobernantes del Mundo.

A todo esto da lugar la Unidad.

El cielo, sin ella que le da claridad,
ciertamente se caería.
La tierra, sin ella que le da firmeza,
ciertamente tendría grietas.
Los dioses, sin ella que les da poder,
ciertamente perecerían.
El valle, sin ella que le da plenitud,
ciertamente se secaría.
Las miles de cosas, sin ella que les da la vida,
ciertamente morirían.
Los reyes y nobles, sin ella que le da el gobierno y la nobleza,
sin duda sufrirían la caída.

Por ello:
el noble tiene como raíz la humildad,
lo más alto tiene como fundamento lo más
pequeño.

Por eso los príncipes y nobles
se llaman a sí mismos huérfanos, solitarios e
insignificantes.
Y no lo hacen
¿No reconocen lo minúsculo que está en su
origen?

Por ello:
Quien ve demasiado éxito
no obtiene honores.

No desees brillar como una joya
y caigas después como una piedra.

40 El movimiento del Tao

Retornar es el movimiento del Tao.
Ablandarse es la Virtud del Tao.

Las miles de cosas nacen del Ser.
El Ser nace del No-Ser

41 La auténtica perfección

Los que comprenden en alto grado escuchan del Tao,
y lo practican y lo viven diligentemente.
Los que comprenden en medio grado escuchan del Tao,
y lo creen o lo abandonan una y otra vez.
Los que comprenden en menor grado escuchan del Tao,
y se ríen con fuerza.
Si este no se echara a reír,
el Tao no sería el verdadero Tao.

Por ello decían los antiguos:
Quien es iluminado por la luz del Tao,
parece deslumbrado.
Quien camina con el Tao, parece retroceder.
Quien destaca con el Tao, parece igualarse.

La Virtud elevada parece un valle profundo.
La mayor limpieza parece manchada.
La más depurada Virtud parece errada.
La más fuerte Virtud parece débil.
La Virtud perfecta parece imperfecta.
El gran cuadrado no tiene esquinas.
El gran logro llega tarde a la madurez.
El gran sonido resuena muy tranquilo.
La gran imagen no tiene forma.

El Tao está oculto y no tiene nombre,
pero se nutre a todos los seres y los completa.

42 La armonía del Yin y el Yang

El Tao genera la Unidad.
La Unidad genera al dos,
el Dos genera al Tres,
y el tres genera las miles de cosas.

Las miles de cosas,
el oscuro Yin, lo llevan,
el claro Yang, lo abrazan.
Uniendo estas fuerzas,
se alcanza la armonía.

Lo que el hombre detesta
es orfandad, abandono e indigencia,
pero reyes y nobles se describen a sí mismos así.

Por eso los sabios:
a veces toman
y por ello dejan.
A veces dejan,
y por ello tomoan.

Lo que otros enseñan, yo también lo enseño:
Los duros y fuertes no tienen una buena muerte.
Esto será el principio de mi enseñanza.

43 El poder de la No-Acción

La blandura mayor del Mundo
se impone a lo más duro del Mundo.
Lo No-Existente penetra
donde no hay espacio.

Por eso conozco
el valor de la No-Acción.

Enseñar sin palabras
y actuar en la No-Acción
muy pocos lo comprenden en el Mundo.

44 Longevidad mediante la sobriedad

¿La fama o tú mismo: qué importa más?
¿La fama o las posesiones: qué es más valioso?
¿Ganar o perder: qué es peor?

Por ello:
Quien pone su corazón en muchas cosas
se causará más daño.
Quien atesora muchas posesiones,
se causará grandes pérdidas.

Quien está satisfecho
no está nunca decepcionado.
Quien sabe frenarse
evita las catástrofes,
podrá ser longevo.

45 Gran Perfección

Los grandes hechos parecen ser imperfectos,
aunque su acción sea inútil.
La gran plenitud parece vacía,
aunque pueda usarse sin fin.
La gran rectitud parece curvada.
La gran sabiduría parece estúpida.
La gran oratoria parece incomprensible.

El movimiento se impone al frío.
La tranquilidad se impone al calor.

La claridad y la paz
dan a las cosas su orden en el Mundo.

46 El deseo siniestro

Gobierna el Tao el Mundo,
y los caballos arrastran el estiércol en el campo.
Cuando el Tao no gobierna el Mundo,
pacen los caballos de guerra en los campos.

No existe crimen mayor
que tener múltiples deseos.
No existe mayor maldición
que estar apenado con lo que se tiene.
No existe mayor desgracia
que el deseo de posesión.

Por ello:
Quien sabe estar feliz con lo adecuado
tendrá siempre bastante.

47 Conocimiento interior

Sin salir fuera de la casa,
uno puede comprender el Mundo al completo.
Sin mirar por la ventana,
uno puede reconocer el Tao del cielo.

Cuanto más se aleja uno,
menos conoce.

Así, el sabio:
sin moverse, conoce.
Sin mirar, ve.
Sin hacer, termina.

48 Permanecer en la No-Acción

Quien en el aprendizaje persevera,
cada día recibe algo.
Quien en el Tao persevera,
cada día pierde algo.
Pierde y deja de hacer
hasta llegar a la No-Acción.

Permanece en la No-Acción,
pero nada queda sin hacer.

Quien quiere ganar el Mundo
debe dejar que fluya.
Nada puede gobernarse con, ganando el Mundo.

49 El corazón abierto

El sabio no posee un corazón propio.
El corazón de la gente
es su propio corazón.

Soy bueno con los buenos,
con los no buenos soy también bueno.
La verdadera Virtud es el bien.

En la gente sincera deposito mi sinceridad,
en la gente no sincera, también deposito mi
sinceridad.
La verdadera Virtud es sincera.
El sabio vive silencioso en el Mundo,
su corazón es un espacio abierto.
Los hombres lo miran y lo escuchan,
y él parece como un niño pequeño.

50 Más allá de la muerte

Salir de la Vida es entrar en la Muerte.
Tres de cada diez se alzan a la vida.
Tres de cada diez aspiran a la muerte.
Tres de cada diez entran en angustia,
ya que se conducen a la muerte.

¿Por qué es así?
Porque viven los excesos de la vida.

Y así he oído:
El que sabe preservar la vida bien
vaga por la tierra
y no huye de rinoceronte o el tigre.
Avanza a través de un ejército
y no lleva armadura ni armas.
El rinoceronte no encuentra nada
donde clavar su cuerno.
El tigre no encuentra nada
donde hundir sus garras.
El arma no encuentra nada
para hendir su punta.

¿Por qué es así?
Porque está más allá de la muerte.

51 Profunda Virtud

El Tao engendra.
Su verdadera Virtud nutre.
Su esencia se forma.
Su fuerza completa.
Así, los miles de seres reverencian al Tao
y valoran la verdadera Virtud.
El Tao es venerado y su verdadera Virtud es apreciada,
ya que nunca obliga,
y así las formas crecen y prosperan por sí mismas.

Así:
el Tao los engendra,
su verdadera Virtud los nutre,
les permite crecer y florecer,
los deja madurar y completarse.

Crear, pero no poseer
Actuar, pero sin permanecer
Proteger, pero sin dominar.

Esto se llama:
Profunda, verdadera Virtud.

52 Unirse a lo Eterno

Fue el comienzo del universo,
que es la madre de los miles de seres.

Quien una vez encontró a su madre,
se ha reconocido como su hijo.
Quien se reconoce como su hijo
y permanece cercano a la madre,
por toda su vida estará libre de peligro.

Uno debe frenar su deseo de hablar
y cerrar las puertas de los sentidos,
cuando el cuerpo decae, permanece sin preocupación.

Si uno no frena el impulso de hablar
y está constantemente ocupado,
cuando el cuerpo decae, está sin salvación.

Percibir los medios más pequeños: iluminación.
Preservar dulzura significa: fuerza.

Si uno hace uso de su luz interior
para encontrar de nuevo a la aclaración,
no morirá en la destrucción del cuerpo.

Se llama:
unirse a lo Eterno.

53 Caminos equivocados

El que una vez percibió,
permanece constantemente en el gran Tao,
y su único temor será desviarse de él.

El camino sublime es muy sencillo,
pero la gente ama los desvíos.

Cuando los palacios están pomposamente decorados,
los campos están llenos de malas hierbas
y los graneros están vacíos.
Los nobles se visten con túnicas resplandecientes
y llevan la espada finamente afilada.
Se llenan de bebida y comida
y poseen tesoros y bienes en exceso.

Pero yo lo llamo así:
deplorable ostentación de bandidos y ladrones.

Eso significa: estar sin Tao.

54 Virtud que todo lo abraza

Lo que está bien fundado tiene constancia.
Lo que está bien protegido no se extravía.
Así se aprecia
de generación a generación.

Si uno cultiva esto por sí mismo,
verdadera será su Virtud.
Si cultiva esto en la propia casa,
la verdadera Virtud fluye abundantemente.
Si cultiva esto en su aldea,
la verdadera Virtud crece con fuerza.
Si cultivamos esto en toda la tierra,
la verdadera Virtud florece sin descanso.
Si cultivamos esto en el Mundo entero,
la verdadera Virtud lo abarca todo.

Entonces:
Según este Sí-Mismo se juzga el Sí-Mismo de los
demás.
Según esta casa se juzga la casa de otros.
Según esta aldea se juzga la aldea de los demás.
Según esta tierra se juzga la tierra de los demás.
Según este Mundo se juzga el Mundo de los demás.

¿Cómo sé que el Mundo es así?
también en esto, por el Tao.

55 Vivir en armonía

El que tiene la plenitud de la verdadera
Virtud dentro de él
es como un recién nacido.

Los insectos venenosos no le pican,
los animales salvajes no le atacan
y las aves de rapiña no le picotean.
Sus huesos son débiles, sus tendones blandos,
pero su agarre es firme.
Todavía nada saber del hombre y de la mujer,
pero en su interior se agita la plenitud de la fuerza vital.
Incluso si grita todo el día,
no pierde la voz.
Es la armonía perfecta.

Percibir la armonía significa: ser eterno.
Percibir lo eterno significa: iluminación.

Al vivir en exceso, llamo yo
evocar el desastre.
A vivir usando la fuerza vital de acuerdo con los deseos
de uno,
yo lo llamo, hacerse fuerte y rígido.

Quien se vuelve demasiado fuerte se desintegra.
Eso significa: estar sin el Tao.
Que está sin el Tao pronto perece.

56 La unificación oculta

El que sabe no habla.
El que habla no lo sabe.
Frena la necesidad de hablar,
cerrar las puertas de los sentidos,
mitiga el celo,
desenredar las confusiones,
suaviza tu ansia de gloria,
y sé uno con el polvo de la tierra.

Esto se llama: la unificación oculta.

Quien ha logrado esto
no se conmueve por el afecto,
ni la aversión.
No se mueve por la ganancia,
ni la pérdida.
No se mueve por el prestigio
ni el desprecio.

Y así él es el más noble del Mundo.

57 El trabajo encubierto

Con justicia uno gobierna una tierra.
Con astucia se hace la guerra.
Libre de la actividad bulliciosa, uno gana el Mundo.

¿Cómo sé que es así?

Por esto:
Cuantas más restricciones y prohibiciones hay,
los pobres más pobres se vuelven.
las armas más afiladas son las armas de la gente,
más confusión existe en el Mundo.
Cuanta más destreza y astucia tiene la gente
surgen las cosas más extrañas.
Cuanto más hay leyes y decretos promulgados,
hay más bandidos y ladrones.

Y así el sabio dice:
yo cultivo la No-Acción,
y las personas cambian por su propia voluntad.
Yo cultivo tranquilidad,
y las personas se convierten en justas por su propia
voluntad.
Yo cultivo el estar sin actividad bulliciosa,
y las personas aumentan se contentan con lo que tienen.
Yo cultivo la no-disputa,
y las personas son más sencillas por su propia voluntad.

.

58 Orden sin ordenar

Si el gobierno está en calma y es contenido,
la gente es sencilla y modesta.
Si el gobierno es celoso y estricto,
las personas son maliciosas y corruptas.

En la desgracia se oculta la buena fortuna.
En la buena fortuna se oculta desgracia.
Pero, ¿quién sabe cómo va a terminar?
¿No es entonces posible crear orden?

El orden se convierte en desorden,
la bondad se convierte en hipocresía,
y la ignorancia de la gente
Aumenta día a día.

Y por esto el sabio:
Es un ejemplo, sin limitar.
Es sincero, sin dañar.
Es justo, sin imponer.
Brilla, sin cegar.

59 Afianzado en el Tao

Cuando uno lleva a la gente y sirve al cielo,
nada es mejor que la modestia.

Porque solo a través de la modestia
uno quiere obedecer el Tao desde el principio.
Si uno obedece el Tao desde el principio,
aumenta ampliamente la plenitud de la verdadera Virtud.

Si aumenta ampliamente la plenitud de la
verdadera Virtud, nada es imposible para él.
Si nada es imposible para él,
entonces nadie puede saber sus límites.
Él cuyos límites no son conocidos
pueden poseer el Mundo.

Si uno posee la Madre eterna del Mundo,
puede persistir eternamente.
Yo llamo a esto: estar profundamente arraigado
y afianzado en el Tao.

Esto significa:
la vida eterna y la contemplación sin fin.

60 Regir el Mundo con el Tao

Hay que gobernar un gran país con inteligencia,
como cuando uno casa peces pequeños.

Si uno gobierna el Mundo con el Tao,
las fuerzas del mal no se levantan.
No es que el mal ya no tenga ningún poder,
pero su poder no hace daño a la gente.
No solo su poder no hace daño a la gente,
sino que el sabio no hace daño a la gente.

Ahora, ya que ninguno hace daño,
la verdadera Virtud brota y los une.

61 Contenerse

Un gran país
Debe ser como la vega de un río,
y así convertirse en un depósito para el Mundo,
el femenino del Mundo.

Constantemente subyuga a lo femenino
lo masculino a través de su tranquilidad.
Con tranquilidad se mantiene humilde a sí mismo.

Por tanto, el gran país
se coloca por debajo del pequeño país
y al hacerlo conquista el pequeño país.
El pequeño país,
se sitúa por debajo del gran país
y al hacerlo conquista el gran país.

Y así:
uno se sitúa por debajo para conquistar,
el otro se sitúa por debajo para ser conquistado.

El deseo de la gran país no implica nada más
que abrazar al otro y para alimentarlo.
El deseo del pequeño país no implica nada más
que al unirse al otro y para servirlo.

Ambos consiguen por tanto, lo que pretenden,
pero el mas grande debe contenerse.

62 El valioso Tao

El Tao es un refugio para los miles de seres,
el mayor tesoro de los buenos,
la salvación última de los hombres malos.

Con palabras agradables uno puede negociar por el
honor.
Con finos modales uno puede ganar prestigio.

Pero los que no son hombres buenos,
¿Por qué debe uno rechazarlos?

Aunque el emperador sea coronado
y sean nombrados tres ministros de altura,
aún cuando tengan losas de jade
y vayan precedidos de un carruaje tirado por cuatro
caballos,
sería, no obstante, mejor
sentarse tranquilamente y seguir el Tao.

¿Cuál fue la razón
por la que los antiguos veneraban este Tao?
¿No dicen ellos:
El que busca encuentra
y el que es culpable será perdonado?

Así es el Tao lo más valioso del Mundo.

63 Reconocer lo grande en lo pequeño

Practicar la No-Acción.
Trabajar sin actividad.
Prueba sin saborear.
Reconoce lo grande en lo pequeño
y lo mucho en lo poco.

Compensar la injusticia con la bondad.

Planea lo difícil mientras es fácil.
Lleva a cabo lo grande cuando es pequeño.

Las cosas difíciles del Mundo
siempre empiezan con las cosas fáciles.
Las cosas más grandes del Mundo
siempre empiezan con las cosas pequeñas.

Por eso el sabio:
nunca comienza con los grandes,
así puede lograr grandes cosas.

El que promete a la ligera rara vez cumple su palabra.
El que toma las cosas muy a la ligera
atrae muchos problemas.

Por eso el sabio:
Puesto que él no toma nada a la ligera,
permanece sin problemas.

64 Contemplar el principio y el fin

Lo que está en reposo es fácil de contener.
Lo que no se manifiesta es fácil de evitar.
Lo que es blando es fácil de romper.
Lo que es delicado es fácil de dispersar.

Soluciona las cosas, antes de que aparezcan.
Crea el orden, antes de que comience la confusión.

Un árbol de poderosa circunferencia
crece a partir de un pequeño brote.
Una pagoda de nueve pisos de altura
se alza en lo alto de un montón de tierra.
Un viaje de mil millas
comienza con el primer paso.

El que actúa, arruina.
El que se apodera, pierde.

Por eso el sabio:
desea en la No-Acción,
y por eso no se arruina.
Vive sin apegos,
así no pierde nada.

Cuando las personas emprenden una acción,
a menudo lo arruinan justo antes de su finalización.

Sin embargo, si uno atiende el final como hace con el
principio,
no puede ser arruinado.

Por eso el sabio:
desea ser sin deseos,
y no aprecia los bienes apenas alcanzables.
Aprende a no aprender,
y se fija
en lo que las masas ignoran.

Fomenta el curso natural de los miles de seres,
pero no se atreve a interferir.

65 Peligrosa astucia

Aquellos de edad que seguían el Tao,
no aclaraban a la gente de esta manera.
Ellos querían mantenerlos en la simpleza.
Difícil es gobernar a la gente
si su inteligencia es demasiado grande.

Por tanto:
Gobernar el país con la astucia,
trae el desastre para el país.
No gobernar el país con la astucia,
trae fortuna para el país.

El que reconoce ambos puntos
tiene un modelo de eficacia probada.
A poner en práctica el conocimiento perdurable de
este modelo
se llama: profunda y verdadera Virtud.

La profunda y verdadera Virtud
se oculta, es de largo alcance
y en contradicción con el Ser-Existente.
Pero conduce de nuevo a la gran armonía.

66 El poder de lo humilde

Ríos y mares,
¿cómo son capaces
de ser reyes de las cien corrientes?

Puesto que son admirables siendo humildes,
pueden ser reyes de las cien corrientes.

Y por eso el sabio:
Si desea estar sobre el pueblo,
se debe mantener humildemente bajo él.
Si desea preceder a la gente
debe colocarse al final.

Así también el sabio:
permanece por encima
y no carga a las personas.
Permanece por delante
y no hace daño a las personas.
Apoya con alegría al Mundo
y no se cansa de él.

Porque no discute con nadie,
nadie puede discutir con él.

67 Tres gemas

Todo el Mundo dice que mi camino es realmente grande,
pero es extraño.
Precisamente porque es bueno que es extraño.
Si no fuera extraño,
sería insignificante.
Poseo tres gemas, que atesoro y protejo:
La primero se llama: amor, la segunda se llama: modestia,
y la tercera: no atreverse a adelantarse en el Mundo.
A través del amor uno puede perder el miedo.
A través de la modestia se puede ser generoso.
Si uno no se atreve a adelantarse en el Mundo,
puede ser el más importante entre las personas.

Hoy en día, uno desprecia el amor
y es así valiente.
Uno desprecia la modestia
y es así un desperdicio.
Uno desprecia el control
y empuja así hacia hacia atrás.
Esto es una condena a muerte.

Si uno tiene amor en la batalla, prevalecerá,
si uno lo tiene cuando se defiende, es invencible.

Quien el cielo quiere preservar
está protegido por el amor.

68 La Virtud del No-Discutir

Un buen comandante no es beligerante.
Un buen luchador no se enfurece.
Un buen conquistador no oprime.
Un buen líder de los hombres se mantiene a sí mismo
humilde.

Esa es la verdadera Virtud del No-Discutir,
esa es la fuerza del liderazgo de los hombres.

Esto se llama:
estar en armonía con el cielo,
el más alto objetivo de los antiguos.

69 La victoria del retroceso

Hay un dicho en el uso de armas:
No me atrevo a tocar al maestro,
sino que espero mi turno como un huésped.
No me atrevo a avanzar una pulgada,
sino más bien retrocedo un pie.

Eso significa:
mover, sin moverse uno mismo.
Alejar sin levantar los brazos.
Lanzar sin atacar.
Conquistar sin armas.

Ningún desastre es mayor
que subestimar al enemigo.
Subestimar al enemigo
es casi la pérdida de nuestras posesiones.

Por tanto:
Dondequiera que haya una llamada a las armas,
la victoria es de quien se retira.

70 Comprensión infrecuente

Mis palabras son muy fáciles de entender,
es muy fácil hacerme caso.
Sin embargo, nadie en el Mundo las puede entender,
nadie les puede prestar atención.

Mis palabras tienen un creador,
mis obras tienen un maestro.
Pero solo porque a este no se le puede entender
tampoco a mí se me entiende.

Los que me entienden son infrecuentes,
por ello, soy reverenciado.

Así, el sabio:
lleva un vestido poco visible
y porta una joya en su corazón.

71 Conocimiento y su ignorancia

Saber de la propia ignorancia es la grandeza.
No saber de la propia ignorancia es el sufrimiento.
Sin embargo, solo el que reconoce este sufrimiento
como sufrimiento
será libre del sufrimiento.

El sabio no sufre
porque ha reconocido este sufrimiento como
sufrimiento.
Por lo tanto él es libre de sufrimiento.

72 La eficacia del poder

Si la gente no teme el poder,
logrará la máxima eficacia.

No limites su espacio vital
ni llenes sus vidas de odio.
Solo cuando no haces odiosas sus vidas
evitas su odio.

Y así el sabio:
se conoce a sí mismo,
pero no lo muestra.
Se ama a sí mismo,
pero no es presuntuoso.

Y así:
renuncia a lo uno y toma lo otro.

73 El Tao del cielo

El valor de tomar riesgos
conduce a la muerte.
El valor de no correr riesgos
preserva la vida.
Estos dos, a veces pueden ser útiles,
otras veces pueden ser perjudiciales.

De la ira de los cielos,
qué sabe el suelo?

Y así el sabio permanece perspicaz.

El Tao del cielo:
no lucha
sin embargo, sabe bien cómo superar.
No habla
sin embargo, sabe bien cómo dar respuesta.
No llama,
sin embargo, todo es según su propia voluntad.
Paciente es
sin embargo, actúa cuando llega el momento
adecuado.

La red del cielo es infinitamente amplia
y su malla es grande,
pero nada escapa.

74 El poder sobre la vida y la muerte

Si la gente no teme a la muerte,
¿cómo se les puede asustar con la muerte?

Pero supón que la gente teme constantemente a la
muerte,
y que se puede capturar y ejecutar a aquel
que comete obras abominables.
¿Quién se atreverá a delinquir?

Una poder solo decide sobre la vida y la muerte.
Matar en lugar de este poder significa,
empuñar el hacha en lugar del Gran Carpintero.
Pero si uno empuña el hacha
en lugar del Gran Carpintero,
sin duda se lesionará la mano.

75 Insaciabilidad de los gobernantes

La gente se muere de hambre
debido a que los gobernantes devoran demasiados
impuestos,
por ello, se muere de hambre.
La gente es difícil de gobernar
porque los gobernantes interfieren,
por ello son difíciles de gobernar.
La gente toma a la ligera la muerte,
porque los gobernantes se aferran a la vida
demasiado,
por ello toman la muerte a la ligera.

Sin embargo, el que no se aferra a la vida
es más sabio que el que vive sin motivo.

76 Lo duro y lo blando

El hombre entra en la vida
blando y débil,
y muere duro y rígido.

Las hierbas y los árboles entran en la vida
florecientes y tiernos
y mueren secos y marchitos.

Por ello:
la muerte se acompaña de lo duro y rígido.
La vida se acompañante de lo blando y débil.

Y así:
si los ejércitos son fuertes y rígidos,
no conquistarán.
Si los árboles son fuertes y rígidos,
serán talados.

Los duros y fuertes menguan.
Los blandos y débiles crecen.

77 El equilibrio

El Tao del cielo
¡cuán comparable a dibujar un arco!

Lo que es alto se tira hacia abajo,
lo que es bajo es levantado.
Lo que es excesivo está disminuido,
lo que es insuficiente se ha completado.

El Tao del cielo:
que disminuye lo excesivo
y completa lo insuficiente.

No así el camino de la gente:
Reducen todo lo que es insuficiente,
para presentarlo
a los que ya viven en exceso.

¿Quien, sin embargo, puede usar su exceso
para presentarlo al Mundo?
Solo quien tiene el Tao.

Y es así que el sabio:
actúa y permanece sin ataduras.
Cuando se realiza el trabajo, no se detiene.
No desea mostrar su sabiduría.

78 La débil vence a lo fuerte

Nada en el Mundo es tan débil y flexible como
el agua.
Y sin embargo, domina a lo duro y a lo fuerte,
nada puede igualarla.
Esto, lo que no es le resulta tan fácil.

La débil vence a los fuertes,
la más blando vence e lo duro.

Nadie en el Mundo ignora este hecho,
pero nadie lo aplica.

Y así el sabio dice:
el que hace propio el deshonor del país
deberá ser reconocido como un hombre santo.
El que hace propio, además la dificultad y el dolor
el rango de rey en su país debería recibir.

Las palabras verdaderas parecen invertidas.

79 Obligación y exigencia

Si se reconcilia un gran resentimiento,
permanecerá siempre un resto de resentimiento.
¿Cómo puede solucionarse este hecho?

Así, el sabio:
se mantiene solo en su deber
y no exige nada de los demás.

El que tiene la verdadera Virtud,
mantiene a su deber.
El que no tiene verdadera Virtud,
mantiene sus reivindicaciones.

El Tao del cielo no tiene preferencias,
da eternamente a aquel que demuestra ser bueno.

80 La vida taoísta

Un país puede ser pequeño, sus habitantes pocos.

Deja que tenga cientos de efectivos
y no hagan uso de ellos.
Deja que las personas tomen en serio la muerte
y no viajen muy lejos.
Deja que que tenga barcos y carruajes,
pero no haya razón para montar ellos.
Deja que tengan armadura y armas,
pero no haya razón para usarlas.
Que la gente una vez más ate nudos
y haga uso de ellos.

Sabroso su manjar,
Sus ropas hermosas,
Sus viviendas pacíficas
y alegres sus costumbres.

A los países vecinos desean tenerlos muy cerca,
así que sus gallos y perros puedan escucharse a
distancia,
y, sin embargo, llegan a la vejez y la muerte
sin haber viajado de aquí para allá.

81 La palabra verdadera

Las palabras verdaderas no son agradables,
las palabras agradables no son verdaderas.

El buen hombre no habla agradablemente,
el que habla agradablemente no es bueno.
La sabiduría no se enseña,
el enseñante no es sabio.

El sabio no acumular posesiones,
pero cuanto más se hace por los demás,
más posee.
Cuanto más da a los otros,
más recibe.

El Tao del cielo es:
aprovechar sin dañar.
El Tao del sabio es:
hacer sin oponerse.

CENTRO ZEN
TAO 道禅 CHAN

Tao Chan Zentrum e.V.

El centro Zen Tao Chan está dirigido personalmente por el Maestro Zen Zensho W. Kopp. En los muchos años de su labor como Maestro espiritual se ha ido configurando a su alrededor una gran comunidad de alumnos, a quienes regularmente imparte sus enseñanzas.

Fines de semana Zen
Dos veces al mes, el Centro Zen Tao Chan ofrece un día de puertas abiertas bajo la guía del Maestro Zensho W. Kopp.

Información e inscripción
Tel. +49 (0) 611 940 623-1 Fax -2
www.tao-chan.org/es/
www.facebook.com/centrozentaochan

Books by Zensho W. Kopp

El despertar al verdadero Sí Mismo
El camino ZEN de la mística holística

ISBN 978-3-744895-38-5

ZENSHO W. KOPP

La Vida
verdadera
mediante el
ZEN

Auto-realización
espiritual en
la vida cotidiana

La vida verdadera mediante el ZEN

Auto-realización espiritual en la vida diaria

ISBN: 9-783744-894036

La enigmática revelación de lo Eterno

Pinturas y sentencias de un Maestro zen occidental

ISBN 978-3-744895-96-5

Las Iluminadas Dimensiones de lo Divino

Cuadros y aforismos de un Maestro Zen

ISBN 978-1-490311-88-2